J. M. J.

ŒUVRE DES ÉCOLES D'ORIENT

DISCOURS

PRONONCÉ

DANS LA CATHÉDRALE DE GRENOBLE

Le 27 janvier 1876

EN FAVEUR DES ÉCOLES D'ORIENT

PAR

L'Abbé BERLIOUX

Curé de Saint-Bruno.

AU PROFIT DE L'ŒUVRE

PARIS	GRENOBLE
VIC, libraire, rue Cassette, 23.	COTE, libraire, rue Brocherie.

1876

4801. — Grenoble, impr. Dauphin et Dupont, rue des Prêtres, 1.

> Illuminare his qui in tenebris et in umbra mortis sedent.
> Eclairez ceux qui sont assis dans les ténèbres et à l'ombre de la mort.
> (St Luc, 1, 79.)

Monseigneur [1],

Mes bien chers Frères,

C'était en 1862 ; des âmes généreuses conçurent le dessein de fonder à Grenoble une œuvre éminemment chrétienne, sociale et patriotique. Or, des hommes bons, mais timides et craintifs — c'étaient les *conservateurs* de ce temps-là — virent dans ce projet un danger. « Cette œuvre nouvelle, disaient-ils, nuira aux œuvres admirables de la Propagation de la Foi et de la Sainte-Enfance, » et ils refusèrent ou ajournèrent leur concours. Estimant avec raison le danger plus imaginaire que réel, on alla en avant, et l'*Œuvre des Ecoles d'Orient* s'implanta dans notre ville. A la vérité, ses débuts furent faibles et modestes ; mais, encouragée par les meilleures bénédictions

---

[1] Mgr Fava, évêque de Grenoble.

du premier Pasteur du diocèse, recommandée par le zèle du Clergé, patronnée par un Comité laïque aussi intelligent que dévoué, elle conquit rapidement droit de cité, et prit un accroissement et un éclat tels, que notre diocèse occupe aujourd'hui, par la générosité de ses offrandes, le cinquième rang d'honneur, parmi les diocèses de France. Le petit grain de sénevé est devenu un grand arbre.

Pouvait-il en être autrement dans cette Cité grenobloise, terre classique de la charité et du dévouement, où toutes les œuvres religieuses et patriotiques germent et fleurissent : témoins, le Denier de Saint-Pierre, les Orphelinats, les Cercles ouvriers, les Cercles militaires, les Jeunes Economes, le Patronage.....? Et, loin de nuire à ses deux aînées la Propagation de la Foi et la Sainte-Enfance, l'Œuvre des Ecoles d'Orient les soutient et les complète. Ce sont trois sœurs qui se prêtent un mutuel appui et recueillent goutte à goutte la bienfaisante rosée de la charité chrétienne, pour en composer ce grand fleuve qui porte la fécondité dans le champ immense que cultivent nos Missionnaires sur toute la surface du monde.

Vous faire connaître et apprécier davantage cette Œuvre providentielle, voilà, mes Frères, la noble et périlleuse tâche qui m'a été imposée, en ce jour solennel de la fête de saint Jean-Chrysostôme, patron de notre association. Oh! que je voudrais avoir une *bouche d'or* pour remplir ma mission avec succès, afin que ma charité, sympathiquement unie à la vôtre, procure à nos frères d'Orient les secours que réclame leur détresse.

Dans toute association, il y a trois choses à considérer : 1° le but qu'on se propose; 2° les moyens qu'on emploie; 3° les avantages qu'on espère. C'est à ce triple point de vue que nous allons considérer ensemble l'Œuvre des Ecoles d'Orient.

O Marie! Reine de l'Orient! je vais dire les profondes tristesses et les espérances de votre infortunée patrie. Ah! donnez à ma voix cet accent qui touche les cœurs et excite la compassion. *Ave, Maria.*

I. — But de l'Œuvre.

Quel est le but de l'Œuvre qui nous réunit aujourd'hui sous le patronage de l'illustre docteur de Constantinople? Son nom seul vous l'indique.

L'Orient! ce mot n'éveille-t-il pas en vous les idées les plus sympathiques, les émotions les plus douces, les souvenirs les plus sacrés? Tout ce que nous avons en nous de vie intellectuelle, de richesse morale, de sève religieuse, ne nous vient-il pas de ces régions bénies? Et n'est-ce pas à elles qu'il convient d'adresser le salut mis par notre grand poëte sur les lèvres de Socrate mourant :

> Amis, vers l'Orient, tournez votre paupière,
> La vérité viendra d'où nous vient la lumière?

L'Orient! c'est la patrie du doux Sauveur et de sa divine Mère. Cette terre privilégiée a porté ses pas. Ces montagnes ont entendu l'écho de sa voix. Ces bourgades ont été témoins de ses miracles. Ces champs ont donné les épis qui ont fait son frugal repas. Sur ces pierres il a parfois reposé sa tête fatiguée, et lui-même a daigné prendre le beau nom d'Orient, *Oriens ex alto!* — C'est là enfin qu'il est mort, et ce sol béni qui avait bu ses sueurs et son sang, a eu l'insigne honneur de garder son tombeau, ce tombeau immortel dont huit siècles avant la Passion, Isaïe avait prophétisé la gloire ! *Erit sepulcrum ejus gloriosum* (Isaïe, xi, 10).

L'Orient ! c'est le berceau de l'Eglise, qui n'est autre chose que la continuation et l'extension de Jésus-Christ dans l'espace et dans le temps. Partis de la Judée, les Apôtres se sont élancés à la conquête du monde, jetant la bonne nouvelle aux quatre vents du ciel, et le monde a embrassé la doctrine du Dieu crucifié. « *Le son de leur voix a retenti par toute la terre, dit le Psalmiste, et leurs paroles ont été entendues de l'Orient à l'Occident.* »

L'Orient ! arrosée par le sang du Christ, cette contrée privilégiée a été aussi baignée du sang des premiers martyrs. Ah ! elle est innombrable l'armée de ces valeureux soldats, immolés pendant les trois premiers siècles. Je n'en nommerai que deux, et ils suffisent pour illustrer à jamais l'Eglise orientale : saint Polycarpe de Smyrne ; saint Ignace d'Antioche. Quels martyrs ! Quels témoins !

L'Orient ! c'est là qu'ont été tenus les huit premiers Conciles généraux, qui ont vengé nos dogmes révélés, fait justice des grandes hérésies, précisé les formules de la foi, promulgué les règlements disciplinaires. Quelles solennelles assises ! quels combats et quelles victoires !

L'Orient, enfin, a été le berceau de la vie monastique qui a peuplé les déserts d'une multitude d'âmes d'élite, et produit dans le champ de l'Eglise une magnifique floraison d'exquise piété et de vertus héroïques.

Telle fut la splendeur de l'Orient pendant près de dix siècles. Il a été une éclatante lumière qui a éclairé le monde, *lumen ad revelationem gentium*, et une des gloires les plus incontestables de l'Eglise universelle, *et gloriam plebis tuæ Israel* (Luc, II, 32).

Malheureusement, hélas ! malheureusement, l'Orient n'est pas resté fidèle aux faveurs dont il avait été comblé. Tant de privilèges précieux ont fini par faire monter à la tête de ses évêques et de ses prêtres la fumée enivrante de l'orgueil. O mystère profond de l'abus des grâces !

Berceau de la foi, l'Orient, après avoir brillé durant de longs âges d'un éclat incomparable, s'est séparé du centre de l'unité catholique, s'est révolté contre Rome et est venu se heurter fatalement à cette pierre angulaire de la papauté, contre laquelle se sont toujours brisés les ennemis de l'Eglise de Jésus-Christ. Au quatorzième siècle, plus de 60 millions d'âmes, entraînées par les patriarches et les empereurs ambitieux, tombent dans l'abîme du schisme en portant un dernier regard vers la Ville éternelle et jetant ce suprême adieu, ce défi insolent au

Vicaire du Christ : *Nous ne voulons pas qu'il règne sur nous.*

Soustraite à l'obédience du Pontife romain, l'Eglise orientale ne releva plus que d'elle-même; mais elle devint aussitôt semblable à la branche qui se sépare du tronc et qui, ne recevant plus de sève, languit et se dessèche en attendant la mort. C'en est fait ! à la lumière ont succédé les ténèbres ; aux progrès glorieux, les humiliantes décadences.

« O Orient ! tu as repoussé la main paternelle qui te bénis-
» sait, et elle s'est retirée de toi ; tu as préféré la malédiction,
» et la malédiction est venue sur toi, et elle t'a enveloppé
» comme un vêtement, et elle a pénétré comme l'eau dans tes
» entrailles et comme l'huile dans tes os. »

A ce châtiment, s'en ajoute presque immédiatement un autre. Voici le grand fléau de Dieu qui s'avance. Plus terrible qu'Attila avec ses Huns, qu'Alaric avec ses Goths, le Mahométisme, barbarie organisée, envahit l'empire d'Orient et se propage partout par la force brutale. Le farouche *Islam* et ses dignes sectateurs brisent la croix du Christ et y substituent l'odieux croissant, renversent les temples chrétiens et les remplacent par des mosquées, détruisent les statues de nos grands docteurs comme des signes d'idolâtrie, brûlent les bibliothèques comme superflues ou hostiles à leur religion.

A la place de l'Evangile qu'ils abhorrent, ils propagent le Coran, qui ne connaît pas d'autre loi que celle de la force et du cimeterre, qui consacre tous les vices, légitime tous les excès, et aboutit à un sensualisme éhonté dont le paganisme lui-même aurait rougi. Et voilà que cette riche société chrétienne, pétrie avec les sueurs, les larmes et le sang de Jésus-Christ, croule et s'abîme sous les coups redoublés du fanatisme mahométan. Plus d'esprit de famille : les hommes n'y sont que des fonctionnaires ou des soldats, ce ne sont pas des pères ; les femmes y sont des instruments de plaisir, des esclaves, ce ne sont ni des mères ni des éducatrices; les enfants grandissent sans autre maître que leur mauvaise nature.

Constantinople, elle-même, finit par devenir la proie des adversaires les plus implacables de la civilisation chrétienne;

Constantinople, la ville qui porte le nom du premier empereur chrétien, et qu'avait évangélisée le zèle d'un saint Jean-Chrysostôme !

Je vois d'ici, à travers la distance, je vois là-bas le farouche colosse de la Mecque, assis sur le tombeau du Christ, le coude appuyé sur l'Asie, un pied sur l'Europe, le regard fixé sur l'Occident, comme une menace immobile ; et je l'entends s'écrier, dans son délire impie : « Il n'y a pas d'autre dieu que Dieu, et Mahomet est son prophète. »

Disons-le en pleurant, *flens dico* : dégradé par le schisme et courbé sous le sabre des Musulmans, l'Orient a passé à un état qui n'est pas la vie. Tous les historiens, tous les publicistes, tous les voyageurs, sont unanimes à le proclamer : l'Orient est mort !

O Orient ! comment es-tu tombé, *quomodo cecidisti !* Mon Dieu ! quelle chute ! quel abîme ! Anges du Golgotha, qui avez pleuré à la mort de mon Sauveur, venez encore verser des larmes amères sur le tombeau de l'Orient, sa patrie : *Angeli pacis amarè flebant !*

Mais qui donc, mes Frères, rendra la vie à ce grand cadavre et opérera le miracle de sa résurrection ? Qui fera couler dans ses veines un peu du sang généreux et vivifiant de ses illustres ancêtres, de ses docteurs, de ses martyrs ? Qui fera pénétrer jusqu'à son cœur le baume fortifiant et régénérateur de l'amour du Christ, qui fut longtemps sa vie et sa force ? Qui dessillera ses yeux et fera briller à son regard la divine lumière qui doit éclairer tous les hommes en ce monde ? Qui remettra en ses mains le candélabre de la foi qu'il portait jadis avec tant d'honneur et de gloire ? C'est l'Œuvre admirable et providentielle qui nous réunit aujourd'hui. Tel est le but qu'elle se propose et qu'elle poursuit courageusement depuis plus de vingt ans.

Oui, reporter à l'Orient, au berceau du Sauveur, au Calvaire, au Carmel, au Sinaï, la lumière que nous en avons reçue ; préparer le retour à l'Eglise catholique de soixante-douze millions de schismatiques, sans compter les infidèles ; arborer l'étendard de la Croix sur toutes ces contrées lointaines où nos yeux attristés ne rencontrent que l'ignoble croissant de Mahomet ;

prêcher la bonne nouvelle à cette multitude d'âmes assises à l'ombre de la mort; civiliser, par le Christianisme, ces peuplades barbares courbées sous le joug tyrannique du Coran, voilà notre programme, notre mission. Sans doute, la tâche est difficile, héroïque, mais elle n'est pas impossible, car Dieu n'a fait aucune nation incurable, pas même les Turcs.

Déjà la glorieuse conquête est commencée. De nouveau, le cri des croisés a retenti : *Dieu le veut, Dieu le veut!* et, à cet appel, muet depuis des siècles, des légions d'Apôtres et de Missionnaires se sont levés et se sont élancés vers l'Orient, couverts de leur foi comme d'un bouclier, brandissant le glaive de la parole et de la vérité. Et voilà que les grandes villes de Jérusalem, d'Antioche, d'Ephèse, de Smyrne, de Nicée, de Corinthe, de Damas, sont évangélisées. Constantinople et Hippone entendent la voix de nouveaux Chrysostômes, de nouveaux Augustins. Sur les rivages de l'Océan Pacifique, comme sur ceux de l'Atlantique, dans les îles et dans les déserts, dans les centres les plus populeux comme aux rives glacées des mers du Nord et tout près du pôle, on rencontre le Prêtre et l'Apôtre, l'Evêque et le Missionnaire, le Religieux et la Sœur de charité. Jamais on ne les avait vus si ardents, si persévérants, si pleins de confiance, luttant et mourant sur tant de points à la fois. Partout les évêchés se multiplient avec les paroisses et les couvents, avec les écoles et les pensionnats. Quels gages d'espérance! Quels signes de résurrection!

Ah! ils se sont trompés, ces humanitaires, ces philanthropes, qui écrivaient naguère : « L'isthme de Suez qui se perce, c'est la civilisation assurée pour tout l'Orient : nos navires lui porteront les produits de notre industrie; les voyageurs lui sèmeront nos idées. » Non, mes Frères, les peuples ne se civilisent point par un cours d'eau, si habilement qu'il ait été tracé dans les entrailles de la terre : l'isthme à percer, qui sépare encore ces pays de notre progrès européen, c'est à nous, humbles pionniers de l'Evangile et du dévouement, que le Père de famille en a confié le labeur. A travers les séculaires steppes de l'ignorance systématique des Musulmans, à travers les hauteurs d'un égoïsme qui conserve l'esclavage, il faut faire pénétrer, comme un petit filet d'abord, puis comme un fleuve fertile et envahissant, le courant de la foi, entraînant avec elle les eaux douces de la charité. Oui, avec la foi qui éclaire et la charité qui se dévoue, le rapprochement des peuples va se faire ; il n'y aura plus ni Orient ni Occident ; tous les hommes ne formeront qu'une famille, et la Croix, pacifique témoin de cette grande conquête, demeurera entre les deux mondes, comme la pyramide indestructible, destinée à commémorer cet événement sans pareil, et le Christ règnera d'un pôle à l'autre : *Christus vincit! Christus regnat! Christus imperat! Christus ab omni malo plebem suam liberat!!*

II. — MOYENS.

En 1821, une pieuse ouvrière de Lyon, émue au récit des souffrances de nos missionnaires lointains, fonde l'Œuvre de la Propagation de la foi, la plus importante peut-être des temps modernes. Elle lui donne pour base l'aumône et la prière.

En 1833, huit jeunes étudiants, sans fortune et sans expérience, se réunissent sous le patronage de St-Vincent de Paul et organisent cette Société admirable qui est une des plus belles gloires de la France. Vous connaissez le pivot et l'économie de cette œuvre : la visite et le soulagement du pauvre, *à domicile*.

Il était réservé au génie, inspiré de la foi et de la charité, de faire éclore et d'organiser l'Œuvre touchante des *Ecoles d'Orient*. Quel fut ce génie ? M. le baron Augustin Cauchy, membre de l'Institut de France, l'un des premiers mathématiciens de l'Europe et aussi l'un des premiers chrétiens du monde, dit Mgr Dupanloup. Ce grand homme, qui avait une âme tendre comme une Sœur de charité, s'apitoyait souvent sur le triste sort des contrées du Levant, ensevelies dans les ténèbres de l'hérésie. Un jour, il se dit : « Le schisme a conduit ces pauvres peuples à l'ignorance, et l'ignorance les retient dans le schisme. Dissipons l'ignorance, et le schisme s'éteindra. Donc, établissons dans chaque contrée de l'Orient une *école catholique*, foyer de lumière et de chaleur chrétienne, qui pénétrera l'âme des enfants et rayonnera jusque sur leurs parents. »

Pour réaliser son projet, il demande et recueille partout des aumônes, des souscriptions; il y associe ses collègues de l'Académie des sciences et de l'Institut, tous ses amis de la capitale et de la province. Le problème était résolu, l'Œuvre des *Ecoles d'Orient* était fondée, admirablement organisée. Et quand l'illustre Cauchy mourut, on grava sur sa tombe cette belle épitaphe: *Beatus qui intelligit super egenum et pauperem*, bienheureux celui qui comprend le mystère de l'indigent et du pauvre ! Avec son génie catholique et français, il était allé droit au fond de la question, au plus intime de la difficulté.

En effet, mes Frères, l'expérience a prouvé que l'exercice de l'apostolat ordinaire, que le ministère de la prédication, produisent peu de fruit en Orient. Des lois barbares et des mœurs plus barbares que les lois s'opposent à tout contact religieux avec les hommes faits. Courbés sous l'anathème de l'hérésie, énervés par le sensualisme mahométan, alléchés par le paradis ridicule que promet le Coran, ces hommes abrutis et obstinés ferment les yeux à la lumière de l'Evangile et repoussent toute idée religieuse. Il est, du reste, plus facile de donner la foi à un peuple nouveau qui ne l'a pas encore reçue et l'ignore complètement, que de la rendre à un peuple dégénéré et qui en a longtemps abusé: *Corruptio optimi pessima*. Ajoutez que l'action catholique de la France en Orient a toujours été paralysée par deux puissances hostiles: l'Angleterre protestante et la Russie schismatique. Aussi les conversions d'adultes y sont si difficiles et si rares, que si l'Eglise d'Occident n'avait pas d'autre moyen de résoudre le problème, elle devrait se résigner, pendant de longs siècles encore, à voir sa sœur d'Orient croupir dans la barbarie et dans la mort.

L'inspiration visiblement divine a donc été d'entreprendre la régénération de ces contrées par l'éducation de la jeunesse. Oui, c'est dans ces petits enfants, auxquels a été promis le royaume des cieux, qu'il faut d'abord faire rentrer la sève de la vie de Jésus-Christ. Peu à peu, ces jeunes générations, qui auront grandi à l'ombre tutélaire des écoles catholiques, entreront dans la vie, sans le fanatisme qui surexcite les passions, sans les préjugés qui compriment l'intelligence, sans les vices qui dessèchent et flétrissent le cœur et avec lui toutes les ressources de la vie morale. Ainsi, chaque nouvelle école contribuera d'autant à expulser ce venin de mort, *medicamentum exterminii*, qui, depuis des siècles, empoisonne ces contrées, autrefois si vivantes et si fécondes.

C'est aussi par les enfants que saint François Xavier et saint Ignace inauguraient et achevaient ces conquêtes prodigieuses, qui compensèrent, dans les Indes et le Japon, les pertes du Catholicisme en Europe ; et de tout temps l'Eglise a placé ses plus fermes espérances sur ces têtes innocentes qui lui semblent encore toutes parfumées des bénédictions du divin Maître.

Notre confiance n'a pas été trompée. L'Œuvre des Ecoles d'Orient a pris une grande extension et a déjà obtenu d'importants résultats. Dans tous les grands centres, dans toutes les villes populeuses du Levant, nous avons ouvert des établissements d'éducation que dirigent des Religieux et des Religieuses avec un dévouement sans bornes, avec une persévérance sans égale. Chose admirable et providentielle ! ces écoles sont fréquentées par les enfants musulmans et schismatiques aussi bien que par les catholiques, et ils s'aiment tous comme des frères et des sœurs. Il en résulte que ces pauvres petits égarés y puisent, dès le jeune âge, une telle estime et une telle affection pour la Religion catholique, que tôt ou tard ils finissent par se convertir. L'union des cœurs amène l'harmonie des consciences.

Dernièrement, à Constantinople, un pacha vint lui-même chercher nos Sœurs-institutrices pour sa fille mortellement blessée. Dieu a permis qu'elle guérît. Il a été si joyeux, qu'il l'a envoyée à l'école avec son charmant petit garçon. Espérons que nos bonnes Sœurs trouveront le secret de guérir l'âme de ces deux enfants, comme elles ont guéri déjà le corps de la jeune fille. Nos écoles sont donc comme des séminaires de vrais fidèles. Que dis-je, de vrais fidèles? je devrais dire d'apôtres.

Car, ces chers enfants, heureux d'avoir embrassé la foi catholique, la propagent, la défendent dans leur famille et dans leur voisinage, reprochent doucement à leurs parents d'être schismatiques, hérétiques, hors de la vraie voie du salut. Ils leur exposent simplement la vérité catholique et les points où ils sont dans l'erreur; et ces communications, franches et naïves, facilitent l'accès de la maison et des cœurs à nos missionnaires, qui achèvent l'œuvre de la conversion.

Par un mystère de la Providence, qui sait tirer le bien des crimes les plus odieux, les massacres de la Syrie sont venus conspirer à nos desseins, en jetant dans nos bras que nous tendions seulement à l'adolescence, des milliers d'enfants à la mamelle, afin que nous leur fissions sucer, avec le lait même, la saine doctrine.

Naguère, sur les côtes de l'Algérie, nous avons arraché à la famine et à l'erreur douze mille orphelins qui grandissent dans nos écoles et dans notre religion, et nous aideront puissamment à civiliser, à christianiser l'Arabe du désert et le sauvage de la Kabylie qu'on disait inconvertissables. C'est la première brèche pratiquée dans la citadelle, jusqu'alors inaccessible, du fanatisme musulman ; c'est, enfin, il faut l'espérer, le gage, pour l'avenir, d'une pacifique conquête, plus désirable encore que celle des armes.

Ainsi, mes Frères, depuis les rives lointaines de l'Afrique, où planent les deux grandes figures de Monique et d'Augustin, jusqu'aux rives plus lointaines encore de la Palestine et de la Judée, patrie impérissable de Jésus et de Marie, nous avons établi un vaste réseau d'enseignement où plus de cinquante mille enfants reçoivent le bienfait de l'instruction chrétienne. Quelle riche floraison! Quel gage d'espérance pour l'avenir !

Par les enfants nous arriverons à la famille, puis à la tribu, enfin à la nation, et nous étendrons ainsi notre conquête jusqu'à l'extrémité orientale, comme le flot pousse le flot jusqu'à l'Océan. Cette féconde pépinière fournira plus tard des hommes vertueux, des femmes exemplaires, qui formeront cette race choisie dont il est dit dans nos saints livres: «Oh ! qu'elle est belle la génération chaste, lorsqu'elle est rehaussée par l'éclat de la vertu! Sa mémoire est immortelle et ne faiblit jamais, ni devant Dieu, ni devant les hommes. » Là, nous découvrirons des vocations pour la carrière ecclésiastique et l'état religieux, et nous formerons un clergé indigène qui aura plus d'ascendant, plus d'autorité et d'influence que le clergé européen. Qui sait ce que tous ces enfants portent en eux de destinées sublimes? Qui nous dit que Dieu ne prépare pas parmi eux de nouveaux Moïses, de nouveaux Samsons, de nouveaux Davids?

O enfants prédestinés, que nous aimons de toute l'affection de notre âme et que nous élevons chrétiennement au prix de tous les sacrifices, grandissez rapidement dans l'amour du Dieu véritable et de votre patrie déchue. Puissiez-vous un jour, comme les vaillants Macchabées, vos ancêtres, dont le sang coule dans vos veines, puissiez-vous vous lever comme un seul homme, arborer l'étendard sacré de l'indépendance religieuse, briser les liens qui vous enchaînent, refouler le Croissant dans le Bosphore, asseoir la Croix triomphante sur le tombeau du Christ, et rendre à Israël son antique splendeur: *Filii, confortamini, et viriliter agite, quia gloriosi eritis.* (Macchabées, 2, 64.)

III. — AVANTAGES.

De notre Association résultent deux principaux avantages : un avantage national et un avantage personnel.

Nous l'avons dit, notre Œuvre est éminemment *française :* française d'origine, par droit de naissance ; française par ceux qui composent cette milice pacifique qui porte écrit sur son drapeau : *Religion, France, Orient!* — Nous ne faisons, du reste, que poursuivre l'entreprise commencée dans les plaines de Poitiers et aux montagnes des Asturies par Charles Martel et Pélage, continuée plus tard par Thibaud de Champagne, Godefroy de Bouillon et saint Louis. Un grand Pontife, Innocent III, avait dit à Foulque de Neuilly : « Prêchez la croisade

» en France ; c'est à votre pays de sauver l'Orient. » En effet, il est historiquement reconnu que la France fut toujours, à travers les siècles, la mère et l'infatigable nourricière des contrées catholiques du Levant ; ses plus grands désastres ne l'ont jamais détournée de ce noble et impérissable patronage. Oui, l'Orient nous a toujours attirés, et, grâce à Dieu, nous ne sommes pas au bout de ces bienheureuses attractions. Soyez bien persuadés que si le percement de l'Isthme de Suez est devenu une œuvre nationale, une œuvre essentiellement française, on le doit encore à cet instinct irrésistible qui nous pousse toujours vers l'Orient. Fils aînés de l'Eglise, nous sommes ce peuple choisi auquel Dieu a dit, comme l'Apôtre à son disciple : « Vous, veillez ! travaillez pour tout le monde ! évangélisez ! c'est votre tâche ! remplissez-la ! »

Eh bien, mes Frères, l'action civilisatrice et chrétienne que nous exerçons depuis longtemps déjà sur nos frères infortunés de l'Orient; les trois cent mille francs d'aumônes que nous leur envoyons annuellement pour l'instruction gratuite de leurs enfants, les soins et les secours que prodiguent à leurs malades, à leurs pauvres, dans les hôpitaux, nos Religieux et nos Sœurs de charité, les prières ferventes que, chaque jour, deux cent mille associés font monter pour eux vers le Ciel, ne sont-ils pas propres à nous concilier leur affection, leur attachement, mieux que ne le feraient les expédients de la politique et de la diplomatie ou le fracas de la guerre ? Quand vous aurez, par vos dons, multiplié les écoles sur ces plages lointaines, et qu'une multitude immense d'enfants aura été élevée par vos Frères et par vos Sœurs, croyez-vous que la reconnaissance ne germera pas dans tous ces jeunes cœurs, et l'amour de notre patrie n'en sera-t-il pas la conséquence nécessaire ? Ah ! si vous saviez combien le nom de la France est déjà populaire, respecté, béni dans tout l'Orient !

Naguère, deux jeunes Arabes se rendaient dans un séminaire d'Italie : sur le paquebot qui les emmène, des libres-penseurs attaquent notre foi, ils insultent nos prêtres. Ces pauvres enfants n'y peuvent tenir et prennent part à la discussion : « Vous, pas Français, Monsieur, pas Français. »

« Pourquoi ! » répond le diseur bel esprit? « Si vous Français, vous savoir que quand la famine est venue à Alger, les Turcs laisser mourir nous, les Anglais aussi, les protestants aussi. » Quelle leçon et quel éloge !

Les Arméniens conservent précieusement une prophétie attribuée à saint Grégoire, qui marque l'antique et profonde popularité dont nous jouissons en Orient. « Il viendra une nation vaillante, ce sera celle des Francs, et tout le monde se réunira à elle. » Acceptons la prophétie, portons-nous au-devant des nos frères égarés, pour les ramener au giron de l'Eglise, notre mère et la leur ; comblons les vallées, nivelons les montagnes qui nous séparent les uns des autres, et méritons que l'histoire ajoute l'extinction du schisme à la suite des grandes œuvres pour lesquelles Dieu a daigné s'associer le cœur et le bras de la France : *Gesta Dei per Francos*.

J'ai dit que l'avenir religieux de l'Orient dépendait de la France ; j'ajoute que l'avenir social et chrétien de la France dépend aussi de l'Orient. Retirez aujourd'hui nos évêques, nos prêtres, nos missionnaires du Levant ; faites descendre du fronton de toutes nos institutions orientales le drapeau français et la Croix latine qui les protègent, et demain, la Russie schismatique se précipitera sur Constantinople comme sur une proie ; l'Autriche, envieuse, s'emparera des provinces Arméniennes, objet de ses convoitises, et l'Angleterre protestante envahira l'Egypte et pénétrera par l'Isthme de Suez dans l'Inde et la Chine. Puis, sous prétexte de rétablir l'équilibre européen, la Prusse, oh ! la cruelle ! s'annexera la France.

Ce n'est point une utopie ou un rêve de mon imagination, c'est un projet élaboré dans les cabinets ministériels et qu'ont trahi les échos de la presse européenne.

Non, ô France ! ô ma patrie ! non, tu ne périras pas, parce que tu tiendras ferme en tes mains le labarum invincible du Levant : *in hoc signo vinces ;* parce que tu garderas toujours le poste d'honneur que te confia la Providence, au berceau et au tombeau du Christ, et tu seras toujours la France des preux chevaliers et des croisés, la France de Pierre l'Ermite et de saint Louis, de saint Vincent-de-Paul et saint François-

Xavier. Et, de l'Occident à l'Orient, nous redirons ce cri de triomphe de nos ancêtres : « Vive le Christ qui aime les Francs, *Vivat Christus qui amat Francos !* »

Pour vous, personnellement, mes Frères, quel immense avantage! En vertu des lois de l'Association et de la Solidarité, votre prière et votre aumône vous donnent droit à toutes les gloires, à tous les mérites de l'Œuvre elle-même. C'est vous qui envoyez des prêtres, des missionnaires, sur tous les points de l'Orient. *Oh! qu'ils sont beaux les pas de ces hommes apostoliques qui évangélisent la paix, qui apportent à nos Frères malheureux les biens du ciel!* — Vous catéchisez, vous prêchez, vous baptisez par la bouche et par les mains de tous ces Apôtres, de tous ces hommes de Dieu, dont vous secondez le zèle, et vous avez votre part dans tout ce qu'ils entreprennent, dans tout ce qu'ils accomplissent pour l'honneur de Dieu et le salut des âmes. C'est vous qui ouvrez ces nombreuses écoles où les enfants du Grec, du Musulman, de l'Arménien, du Maronite, du Libanais, voient tomber un à un leurs préjugés de secte devant l'exposé lumineux de la doctrine catholique. Ainsi votre aumône s'élève à la hauteur de l'apostolat, et elle surpasse autant l'aumône corporelle que l'âme l'emporte sur le corps. Dès lors, quelle source de grâces et de bénédictions pour vous et vos familles! Car, si Notre-Seigneur a dit lui-même qu'il récompenserait un verre d'eau donné en son nom, que ne fera-t-il pas pour les associés d'une Œuvre qui dilate son royaume et sauve des milliers d'âmes pour lesquelles il a versé tout son sang? « *Oh! heureux celui qui comprend, comme vous, le mystère de l'indigence et de la pauvreté spirituelle! Le Seigneur le délivrera dans les jours mauvais; il l'assistera sur son lit de douleur; il remuera lui-même sa couche, et il le fera briller comme un soleil pendant toute l'éternité!* »

De plus, mes Frères, vous vous faites de nombreux protecteurs devant Dieu. Ces chers petits enfants de l'Orient, qui meurent après leur baptême, sont des Anges gardiens qui vont intercéder pour vous dans le ciel. Ceux qui vivent et grandissent dans le monde, savent tous les sacrifices que vous faites pour eux, et ils supplient la bonté divine de vous le rendre au centuple en ce monde et en l'autre. Nos *Bulletins* rapportent — touchant spectacle ! — que deux fois le jour, au lever et au coucher du soleil, nos cinquante mille enfants envoient vers le ciel une prière fervente pour leurs bienfaiteurs français. Dieu peut-il rester insensible à des supplications si nombreuses et si touchantes?

Et qui sait si ces enfants adoptifs ne seront pas la cause de votre salut? — Un jour, un intrépide navigateur parcourait l'Océan. Tout à coup, il est assailli par une furieuse tempête. La foudre gronde avec fracas, et le vaisseau, balancé par les vagues en furie, tour à tour s'élève sur des montagnes d'eau écumante et paraît s'abîmer au sein des flots. Albuquerque, qui avait affronté tous les dangers, tremble pour la première fois; mais une bonne inspiration lui vient à ce moment suprême; il aperçoit un petit enfant que sa mère presse sur son sein et veut à tout prix arracher à la mort. Il saisit l'enfant et, le tenant élevé entre le ciel en feu et la mer en courroux : « O Dieu ! s'écrie-t-il, en faveur de l'innocent, pardonne aux coupables ! » Et soudain les vents tombent, les flots s'apaisent, le navire est sauvé.

Or, mes Frères, nous voyageons tous, ici-bas, sur une mer orageuse. Sous nos pieds, la terre est presque aussi mobile que les flots; dans notre cœur s'agite le tourbillon des passions comme des traîtres au sein de la patrie; sur nos têtes gronde peut-être une foudre vengeresse. Voulez-vous échapper à tant de périls? Ah ! prenez vite un de ces petits enfants que vos aumônes entretiennent en Orient, mettez-le entre le Ciel et vous, et dites : Seigneur, en considération de ce cher enfant que j'ai adopté, que j'ai arraché à la mort du schisme et de l'hérésie et que je consacre à votre service, ne me punissez pas selon votre justice, mais traitez-moi selon votre miséricorde ! Et Dieu pardonnera, bénira, et vous serez sauvés.

Telle est la monographie de notre Œuvre ; telle est sa constitution. Le but qu'elle se propose et poursuit courageusement, c'est de reporter le flambeau de la foi au lieu d'où il nous est venu, et d'éclairer ces milliers d'âmes plongées dans les ténèbres du schisme et de la barbarie : *Illuminare his qui in tenebris et in umbrâ mortis sedent.* — Son moyen d'action, c'est l'éducation religieuse de l'enfance et de la jeunesse, en qui réside l'avenir de ces contrées malheureuses. — Les avantages qu'elle procure sont la prépondérance de la France en Orient et l'accroissement des mérites spirituels des Associés. — Est-il, je vous le demande, une Œuvre plus belle, plus chrétienne, plus patriotique, plus digne de toutes vos sympathies ?

Mais cette grande Œuvre n'est possible que par le dévouement religieux et par la charité des chrétiens d'Europe. Le Mahométisme, qui a fait la mort dans les âmes, dans les lois, dans les institutions, l'a faite aussi dans les ressources matérielles des peuples soumis à sa domination. Les écoles ne peuvent donc se fonder et s'étendre en Orient, que si l'Occident les bâtit et en paie les instituteurs et les institutrices. Car, si pauvre que soit la vie de ces milices de l'enseignement, encore faut-il pourvoir à leurs besoins les plus essentiels, et ne pas oublier que la plupart du temps ces Frères, ces Sœurs, devront partager le pain de leur indigence avec les enfants auxquels la Providence les aura envoyés pour les arracher à la barbarie et les conquérir à la vie éternelle. Quel malheur ne serait-ce pas, quel dommage pour la religion, quel triomphe pour l'hérésie et l'impiété, si ces secours indispensables à nos établissements et à ceux qui les dirigent, venaient à disparaître ou seulement à diminuer !

Il n'en sera pas ainsi, grâce à Dieu, grâce à votre générosité si connue.

En ce beau jour de fête, notre illustre patron, saint Chrysostôme, va passer par ses délégués dans vos rangs et vous tendre une main suppliante pour l'entretien de nos Ecoles d'Orient. Oh ! je vous en prie, ouvrez vos cœurs et vos bourses, et donnez avec amour et générosité. Je vous le demande instamment, au nom de ces pauvres petits enfants qui vous tendent aussi les mains et sollicitent vos aumônes qui se transformeront pour eux en pain de vie, pain de l'intelligence, pain de l'âme, *parvuli petierunt panem*. Hélas! que vont-ils devenir si vous les abandonnez? — Donnez largement, car les besoins sont grands, immenses. Que de villes importantes sont encore privées d'établissements religieux, et quels résultats nous obtiendrions si nos ressources étaient plus abondantes !

Hélas ! on sacrifie des sommes fabuleuses à la guerre, à l'agiotage, à la volupté, au luxe! et à Jésus-Christ on marchande misérablement quelques francs et quelques centimes! Quoi donc! les ennemis de la foi prodiguent l'or et l'argent pour propager l'erreur et le mensonge, et nous liarderions, quand il s'agit de défendre la vérité et de sauver des âmes! Ce que font pour le mal tant de démolisseurs, nous ne le ferions pas pour le bien? Enfants de la lumière, serions-nous moins généreux que les enfants des ténèbres?

Donnez, au nom de la reconnaissance. Ne devez-vous rien à l'Orient, qui vous a prodigué la foi, la civilisation, la science et les arts? à l'Orient, qui vous a donné un Sauveur, une Mère, une armée de Martyrs, de Docteurs et de Saints? Ne devez-vous pas rendre quelque chose aux habitants de ces régions célèbres, par-dessus lesquelles planent trois noms toujours vénérés : *Jérusalem, Bethléem, Nazareth ?*

Donnez, au nom de votre propre intérêt, au nom de la patrie; car, votre aumône, transformée par la grâce, retombera sur vous, sur votre famille, sur vos amis, sur la France, en rosée de bénédictions: *Date et dabitur vobis.*

Ce n'est pas tout: si vous êtes touchés d'un vrai zèle, ne vous en tenez pas quittes envers cette grande Œuvre, parce que vous lui aurez jeté votre offrande; appuyez-la de vos recommandations comme de votre exemple; faites-en valoir les mérites, les avantages; faites-lui des amis, des prosélytes de tous ceux qui vous sont liés par des rapports de parenté, d'affection, de dépendance. On ne saurait dire quels beaux résultats peut obtenir le zèle, lorsqu'il est à la fois ardent, doux et guidé par le tact et la piété. Oh ! réveillons-nous, ramassons nos forces, décuplons, centuplons nos aumônes, propageons notre Œuvre, et la victoire est à nous, et l'Orient est sauvé.

Rome antique décernait une couronne de chêne au mortel courageux qui avait sauvé la vie d'un citoyen. O mon Dieu ! ô rémunérateur généreux ! donnez à nos chers associés, à tous ceux qui étendent votre règne, qui dilatent votre foi, qui sauvent des âmes, donnez-leur en échange, non pas une couronne fragile et caduque, mais une couronne immortelle et impérissable; c'est le désir le plus ardent de mon cœur. — *Amen.*

OUVRAGES DU MÊME AUTEUR :
MOIS DE SAINT JOSEPH
ou
MÉDITATIONS PRATIQUES pour chaque jour du Mois de Mars

QUATRIÈME ÉDITION

La piété des fidèles a su apprécier et remarquer, entre beaucoup d'autres, cet excellent *Mois de Saint Joseph* qui, après quatre ans, arrive à sa quatrième édition et dont il s'est écoulé plus de huit mille exemplaires.

Cinq de NN. SS. les Archevêques et Evêques, dans des approbations élogieuses, en ont fait ressortir le mérite réel, et il a été honoré d'un Bref de Sa Sainteté Pie IX. Il suffira, pour recommander ce livre, de citer quelques mots de chacun de ces bienveillants témoignages.

— « La rapidité avec laquelle s'est écoulée la 1re édition du *Mois de
» Saint Joseph*, prouve combien ce travail, aussi pieux que théologique,
» est digne des approbations dont il a été l'objet, Les suaves parfums qui
» s'exalent de chacune de vos méditations devaient vous attirer de nom-
» breux lecteurs. » (*Lettre de Mgr l'Evêque de Grenoble.*)

— « J'ai reçu votre beau *Mois de Saint Joseph*..... Par la délicieuse sim-
» plicité et par la piété touchante que tout y respire, il est on ne peut plus
» propre à faire connaître, aimer et imiter le chaste Epoux de la Très-
» Sainte Vierge, se lis du Ciel dont les parfums embaument toutes vos
» pages, pour embaumer vos lecteurs. » (*Mgr l'Evêque de Mende.*)

— « Dans les deux ouvrages que vous m'avez fait l'honneur de m'adres-
» ser : le *Mois de Marie* et le *Mois de Saint Joseph*, se trouve ce qui manque
» à plus d'un livre de ce genre, l'accent d'une piété aussi solide que fi-
» liale. » (*Mgr l'Evêque de Valence.*)

— « C'est avec votre beau *Mois de Saint Joseph* que je viens de faire,
» ainsi que je vous l'avais annoncé, le mois qui est spécialement consacré
» à ce glorieux Patriarche. — Je ne saurais vous dire en termes assez ex-
» pressifs la douce et pieuse impression que sa lecture, chaque jour, laissait
» dans mon esprit. » (*Mgr l'Archevêque d'Albi.*)

— « J'ai pris connaissance de votre nouveau *Mois de Saint Joseph*, et je
» n'ajouterai qu'un mot aux témoignages si flatteurs que ce beau livre a
» déjà reçus : c'est que vos méditations justifient leurs titres et qu'elles sont
» vraiment pratiques. » (*Mgr le Cardinal de Bordeaux.*)

Cette 4e édition renferme des exemples nouveaux et touchants, et, à la demande de plusieurs lecteurs, M. BERLIOUX y a ajouté un choix de Cantiques en l'honneur de Saint Joseph.

MOIS DE MARIE
ou
MÉDITATIONS PRATIQUES pour chaque jour du Mois de Mai

QUATRIÈME ÉDITION

— « Je promets le même succès à votre beau *Mois de Marie* qu'au *Mois
» de Saint Joseph*.

» Bien des publications ont paru pour favoriser cette dévotion. Je n'en
» connais aucune réunissant, au même degré que la vôtre, les **avantages**

» d'une doctrine solide, d'une application pratique, d'un style à la fois sim-
» ple, clair et concis, ferme et onctueux. Vos exemples sont bien choisis
» et toujours en rapport avec la méditation du jour. — Ce livre inspirera
» à tous ceux qui le liront une dévotion aussi sincère que tendre envers la
» Très-Sainte Vierge, et un zèle admirable pour pratiquer ses vertus. »
(*M*ᵍʳ *l'Evêque de Grenoble.*)

— « Je ne saurais vous dire, en termes assez expressifs, la douce impres-
» sion que la lecture de votre *Mois de Saint Joseph* a laissée dans mon esprit.
» Pourquoi n'attendrai-je pas le même résultat de votre beau *Mois de*
» *Marie ?* Il est conçu par la même pensée, exécuté sur le même plan et béni
» par le Saint-Père. Tout, dès lors, me fait espérer que, sortant de la même
» plume, il produira les mêmes fruits dans les âmes qui seront fidèles à
» écouter ses pieuses réflexions et à profiter de ses salutaires exemples.
» Recevez donc mes salutations bien sincères. » (*M*ᵍʳ *l'Archevêque d'Albi.*)

— « Heureux de m'associer aux éminents Prélats qui ont honoré votre
» *Mois de Marie* de leur bienveillante approbation, je vous offre mes féli-
» citations avec tous mes vœux pour le succès d'un livre plein d'onction,
» de doctrine et de piété, qui ne peut tourner qu'à la gloire de Marie et au
» profit spirituel de ceux qui le liront. » (*M*ᵍʳ *l'Evêque de Saint-Brieuc.*)

MOIS DU SACRÉ-CŒUR

OU

MÉDITATIONS PRATIQUES pour chaque jour du Mois de Juin

DEUXIÈME ÉDITION

— « Le plan de ce remarquable travail ascétique est le même que celui
» des *Mois de Marie* et de *Saint Joseph*, publiés par le même auteur et qui
» ont obtenu l'accueil le plus sympathique auprès des âmes pieuses.
» La nature et l'excellence de la dévotion au Sacré-Cœur, son origine,
» ses avantages, les emblèmes sous lesquels ce divin Cœur est représenté,
» ses brûlantes aspirations et ses douleurs ineffables sont l'objet d'une série
» de considérations historiques, doctrinales ou pieuses, simples et solides
» à la fois.
» Chaque considération est suivie de réflexions pratiques, d'un exemple
» toujours bien choisi, et une prière affectueuse sert de conclusion.
» Le *Mois du Sacré-Cœur* nous semble donc appelé au même succès que
» les publications précédentes de M. l'abbé Berlioux. Il contribuera mer-
» veilleusement à propager une dévotion qui est aujourd'hui l'espérance de
» l'Eglise, et nous le recommandons au clergé et aux fidèles de notre dio-
» cèse. » (*M*ᵍʳ *l'Evêque de Grenoble.*)

— « J'ai pu constater que votre nouveau *Mois du Sacré-Cœur* ne sera pas
» inférieur à ses deux frères aînés. J'ai trouvé même que vous aviez peut-
» être plus tiré de réflexions dans ce dernier Mois, des entrailles même du
» sujet, que dans celui qui l'a précédé. Aussi je ne doute pas du succès. »
(*M*ᵍʳ *l'Archevêque d Albi.*)

— « Je vous remercie de l'envoi de votre beau *Mois du Sacré-Cœur*. Je
» vous félicite de l'avoir écrit. Vos pages, empreintes de science, de foi,
» d'onction, écrites avec une élégante simplicité, feront connaître et aimer
» davantage le Cœur de Jésus. » (*M*ᵍʳ *Mermillod.*)

Chaque ouvrage forme un beau volume in-18 et se vend 1 fr. 25 ;
franco : 1 fr. 50.

LIBRAIRES : { A Paris, chez VIC, rue Cassette, 23.
{ A Grenoble, chez COTE, rue Brocherie.

www.ingramcontent.com/pod-product-compliance
Lightning Source LLC
Chambersburg PA
CBHW070525050426
42451CB00013B/2862